Three-year-old kid- Miitan is a free-spirited tomboy.
3才児みーたんは容赦しない
ようしゃ

まつざきしおり
MATSUZAKI SHIORI

ごあいさつ [002]

第1章 みーたんは唐突すぎる [007]

みーたん誕生 [028]
食の好み [035]

少し前のみーたんギャラリー① [036]

第2章 みーたんは最近怖がり [037]

お菓子との格闘 視線 [063]
隙間 [064]
にらめっこ おばけごっこ [065]
白線 ハート [066]
風邪 [067]
みーたんのよくわからん歌あそびシリーズ [068]
キャッチ＆リリース＆キャッチ [069]

少し前のみーたんギャラリー② [070]

第3章 みーたんは夢中になる [071]

みーたんと父さんとハート [095]
みーたんと父さんとお風呂 [097]
父さんと母さん [098]
結婚相手 [099]
父さんの分 [100]
ひとくちちょーだい [101]
あめちゃん [102]
オリジナルソング [103]

Three-year-old kid-Miitan is a
free-spirited tomboy.

CONTENTS

少し前のみーたんギャラリー③ [104]

第4章 みーたんは時にワイルド [105]

お友達とみーたん [135]

お友達との会話 [136]

お友達とみーたんあれこれ [137]

お山づくり [138]

名医? 迷医? [139]

読み聞かせ [140]

おやつ [141]

トイレトレーニング [142]

トイレトレーニングおまけ [148]

少し前のみーたんギャラリー④ [149]

少し前のみーたんギャラリー⑤ [150]

第5章 みーたんはワクワクする [151]

好きな食べ物 好きな手料理 [188]

いいまつがい① [189]

いいまつがい② [190]

はじめての運動会 [191]

はじめての習い事 [193]

父さんにするやつ [196]

体力おばけ怪獣 [197]

その後 [204]

あとがき [206]

やったー!!!

とりこんだ
洗濯物

みーたんは唐突すぎる

2016年6月25日
バレないように細心の注意を払って開けたのに…。
地獄耳めえええぇぇ…!!!!

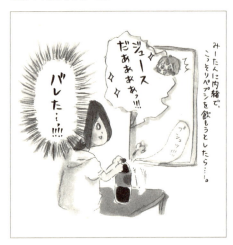

2016年6月26日
悲痛な叫びがお風呂場に響きました。
おおう、なんか、ご、ごめん…(｡´∀`｡)

2016年6月21日
そして、なぜそんなに発音が良いのだ…!!!

2016年6月23日
体力おばけ
怖いよぉ…怖いよぉ…。

2016年6月27日
このあと、夫とどちらの遺伝を受け継いだのか論争が勃発しました…!
いやほんま、くさーーっっっ!!!!

2016年6月28日
もっと、こう…あるだろうよ!?!?

2016年6月29日
ご飯だから食べてOKよね!!
という、2歳の浅知恵…!!
いやいや、何言うとりますのん!!!(ﾟロﾟ)

2016年7月3日
うん…ダイエットしよう……。

2016年7月4日
あまりにも暑いので、
家から徒歩3分の海で遊んできました!!
一人で迷いなくザブザブ海に入っていく、
みーたん。
成長しとる!!

2016年7月1日
えー!!! なにそれ、
めっちゃかっこええやん!!!(゜ロ゜)

2016年7月2日
外が雨でなかなか遊びに行けない日が多いので、
やっぱりストレスがたまる模様(o´∀`o)
たまに晴れた日の、この喜びよう!!
早く梅雨明けるといいねぇ…(´∀`)

10

2016年7月8日
これを飽きるまで何回も繰り返します…!!
いや、何の茶番劇――っ…!(ﾟﾛﾟ)

2016年7月5日
いや、煮こごりなんてお洒落で品のある食べ物も
食べさせたことないけどーっ!!!

2016年7月9日
スーパーで人が並んでるトイレにて…。
いやほんま、なんで今テンション上がっちゃった!?!?
もう、外出ていきにくいやないか…!!!(ﾟﾛﾟ)

11　第1章　みーたんは唐突すぎる

2016年7月13日
本当にきっちり並べます(o´∀`o)
うん。絶対私似ではないな。

2016年7月10日
スシローにて…。
たまご、ツナ、ミートボールはスルーし、
イクラのみ食す…!!
いや、お得感はあるけどもーっ!!!

2016年7月11日
おもむろに、お尻に人工呼吸をしはじめる、みーたん。
お陰でお尻がだいぶ温まったようです(笑)

2016年7月13日
これはこれで可愛いんですけどね(o´∀`o)

2016年7月17日
座布団の端っこに座った拍子に転げて、
8割ほど入っていたジュースを
モロかぶりしました(ﾟﾛﾟ)
ぎゃーーーっ!!!
もちろんこのあとギャン泣き…。
ひーーーっ!!!

2016年7月15日
抱っこされて王さま気分のはずやのに、
めっちゃ疲れてますよアピールしてくるーっ!!(ﾟﾛﾟ)

2016年7月19日
もうほんま、演技が大げさすぎて
わざとらしさが際立つよ。

2016年7月16日
ちなみに、夫には
「ムキムキやな…アスリートみたい…」
と、呟かれました…。

13　第1章　みーたんは唐突すぎる

2016年7月21日
いつもあるはずのお湯がなかったので、
不思議だったみたいです(o´∀`o)ノ
それにしても、最近ほぼ毎日海に行ってるので、
親子共々真っ黒です！
ひー。シミが…シワが…。ガクガクブルブル…。

2016年7月20日
何を言われているのかは、よく分かっているようで、
恥ずかしいのか、嫌なのか、
「ちゃうん!!(違うの！)」と、連呼されます(o´∀`o)

2016年7月23日
本当、体力余ってたら普通に寝ないし、
体力使いすぎたら中途半端な昼寝して
やっぱりなかなか寝ないし、
さじ加減が難しすぎるよ!!(；∀；)

2016年7月25日
大人だとアウトでも、
子供なら、ほらこの通り…!!

2016年7月26日
雪の上だと、
いい感じの雪の天使作れそうだ…(o´∀`o)

2016年7月27日
とうとう、この時がやってきたー!!
朝から2話分だけ録ってるアニメを
エンドレスリピート♪
即席ステッキが貧相すぎる…!
それでも遊んでくれるから、
ありがたいよー(o´∀`o)
来年のプリキュアは、いよいよ本格的にハマるに
違いないな…。可愛いデザインだといいなー。

15　第1章　みーたんは唐突すぎる

2016年7月30日
昨日、スーパーでの出来事です。もちろんお買い上げさせていただきました…(;∀;)
子供にプリン持たせたら、ダメ、絶対！(;∀;)

2016年8月1日
いやもう、目思いっきり見えてるし、むしろめっちゃ目合ってるし、
見た目ジャミラみたいやし、もう、面白かわいすぎやないかい!!!(o´∀`o)

2016年8月2日
今日お友達がおうちに遊びに来てくれました(o´∀`o)
自分の方がちょっとお姉ちゃんだからって、若干先輩風吹かせてチェックしよるけど、
君もオムツだよね!? 君も同じスタイルでオムツ替えてるよね!?

2016年8月4日
この興奮を伝えるには四コマしかない!!ということで、四コマでお送りさせていただきます(o´∀`o)

17　第1章　みーたんは唐突すぎる

2016年8月5日
もう、魔法使いの気、満々のようです(o´∀`o)
シャッターが閉まる最後まで
必死になって魔法かけてました☆

2016年8月7日
もう、ジャラジャラの、ジャラッジャラです
(o´∀`o)ノ
ギャル感がすごーー!!

2016年8月8日
ちょっと、キミキミ、
そんな顔しないで。
そんなに母さんが
信用ならないのかい?
いつ、母さんがキミのおやつを
横取りすることが
あったというんだい?
え、昨日のあんパン?
ははは、いやあれはあれだよ。
毒味であるからして、
決してそういう訳では…。

18

2016年8月10日

まったく失礼しちゃう!!
母さんだって、いつもいつもこっそり食べてる訳じゃ
ないのよ(*`д´)ノ

2016年8月11日

せっかく可愛いワンピース着せたのに、残念すぎるぜ!
ちなみに「ポリポリ」という効果音書いてますが、
ラムネ噛む音やなくて、足を掻いている音です。
おっさーーん!!!!

2016年8月13日

あんなにたくさんの木の棒がある中で
まさかのチョイスー!!!(゜ロ゜)
まだカピカピのやったから良かったけども!(;∀;)
しかも、水道で手洗って、良かった良かったと戻ったら、
再び取ろうとしてるーー!!!(゜ロ゜)
なんでやねん! お気に入りか!(゜ロ゜)

2016年8月14日

昨日今日と、実家家族と会ってきました(o´∀`o)じいちゃんばあちゃん、おじおばに、ひたすらチヤホヤされ女王様なみーたん。始終ニコニコで、びっくりするくらいいい子でした。

2016年8月15日
母さんを遠ざけてからの、
父さんへの可愛いおねだり…!! 娘の中に、女の怖さを見ましたよ…!!(゚ロ゚)ｱﾜﾜﾜ

2016年8月16日
こんなのあったらいいのになぁ～…と、
朝からイヤイヤモード全開のみーたんを相手に
考えておりましたことよ(´∀`)

2016年8月18日
何かよく分からないけど、わりと連呼してる口癖って
ないですか!?!?(o´∀`o)ノ
ああ、それにしても気になる…!
誰か翻訳してーっ! ドラえもーん!!!
(ちなみにわりかしご機嫌の時に、唐突に言います)

2016年8月17日
足の指の爪がパカパカしてたので、
島の診療所に連れていってきました
(問題ないみたいで、ひたすら新しい爪が生えるのを
待つのみみたいです(o´∀`o))
あんだけグズッた後の、
まさかのプラスの感想ーっ!!

21　第1章　みーたんは唐突すぎる

2016年8月21日
何かグズグズ言ってると思ったらー!!
本人からしたら切ない夢でも、
何か、平和――っ!!(´∀`)

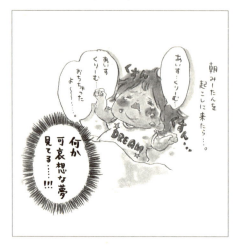

2016年8月19日
いや、そら臭いんやけどな。
そんなお母さんが臭いみたいな言い方…!
しかも、「みーたんも食べる?」て聞いたら
「う◯ち、いらん」て言われましたからね。
なんだ君、母さんが、
う◯ちを食べているとでも思っておるのか…!!(°口°)
とんでもない誤解が生まれておるようです…!

2016年8月22日
こうして、めっちゃ反省して、気を付けて、
それでもまた忘れてやらかして、
めっちゃ反省しての繰り返しです(;∀;)

2016年8月20日
すごい! まさに究極のエコだね!!
ただ、なんかもう、
用を足してるアピールがすごいけどな!(;∀;)

22

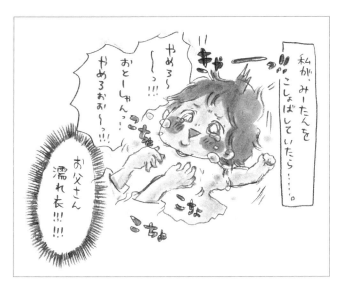

2016年8月23日
まぁ、確かに普段よくお父さんこしょばしてるけれど
もーっ！(o´∀`o)

2016年8月25日
いきなり両手掴まれた後、
何か言うてると思ったら…!!!
気分はすっかりシンデレラのようです(´∀`)

2016年8月24日
普段はわんぱく小僧みたいな娘ですが、
ちょっぴり女子なところが出てきましたよ(υ´∀`o)

23　第1章　みーたんは唐突すぎる

2016年8月26日
ほんまに、「お…おい…うそだろ……。」ですよ!!(ﾟﾛﾟ)
お外散歩するといっても、結局は抱っこで歩かされるので、母のHPだけがむなしく減っていくよ…(;∀;)

2016年8月27日
それだけ主張できるのに、なんで事後報告なんだよおおぉ!!(ﾟﾛﾟ)
しかも、なんだその伝え方!!!

2016年8月28日
その小さい身体のどこから、そんな大きな声が出るんだい…!?
耳が…耳がああぁぁぁ!!!!(;∀;)

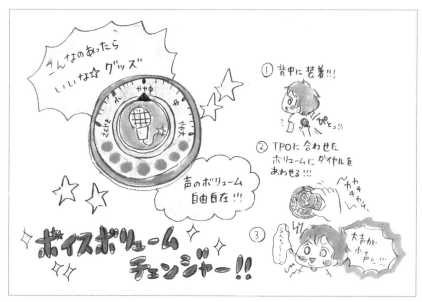

2016年8月29日
今日もお出かけ時に、コンサートライブボリュームのボイス!!(;∀;)
多用厳禁ですが、こんなのあったらいいのに…!と思ってしまうのでした(o´∀`o)

2016年9月2日
使い方も何も教えてないのに、いつの間にか勝手に横になって、勝手にうとうとしていました…！
「人をダメにするソファー」は、幼児をもダメにさせるようです！　恐るべし…!!

2016年9月3日
いやね、最近ホタテの貝ヒモとか、柿の種とか好んで食べてるから、嫌な予感はしたんですよ。
でもね、母さんとしてはやっぱり娘が大きくなったらおしゃれなカフェでこう、メルヘンチックなケーキとか頼んでキャッキャしたいじゃないですか。
それなのに、それなのに、もうこれ確実に父親の血、ひいとる——!!
塩と味噌で何杯も酒が呑めるやつ——!!!!
みーたん、頼むから母さんとカフェ巡りも付き合ってね（；∀；）

2016年9月4日
もう完全に、「うわ…母さんウンチ食ってる…ないわ～…」な目してましたからね!!
シイタケのせいで、母さんの面目丸つぶれですよ！(；∀；)
しかも何だ「くさい」って！ くさくねーし!!(；∀；)

2016年9月5日
娘に初めて面と向かって「うるさい」と言われた衝撃ー!! うん、しかも使うタイミングばっちりだね☆
成長したね。ははは…(；∀；)にしても、これ絶対私の口癖だよね⁉ うわあぁぁ、気をつけねば…!!!(ﾟﾛﾟ)

第1章 みーたんは唐突すぎる

みーたん出産

旦那の手が流血沙汰に…

食の好み

超甘党の私ですが…甘過ぎるという感覚が分かりません…巨大パフェ食べにいきたい…

妊娠中は食の好みがまるで違いました…

好きだったもの：おせんべい、味つけのり、そうめん、白米、カップヌードル、すいか

苦手だったもの：準チョコレート、ドライフルーツ、レーズン、お刺身　どれも妊娠前は大好物でした

ちなみに娘は妊娠中好きだったものが大好物　お腹の中で繋がってたんだなあとしみじみ思います

ちなみに胎児ネームは…

むいむい

お腹のエコーを見た時、娘の動きがそんな感じだったので…むい むい むい

35　第1章　みーたんは唐突すぎる

2015年12月29日
「ごめんなさい」ちゃんと言えた?から、
「許す☆」といった直後の娘の発言。
なんだい、謝ったのは演技かーい!!

2016年1月9日
何度教えても、絶対すぐ
戻っています…(o´∀`o)
まあ、赤い果物って点は
あってるんやけどなぁ～。

第2章 みーたんは最近怖がり

2016年9月9日
わぁ、ちゃんと挨拶できて、
みーたん偉いわぁ…って、
今夕方ー！
今寝たらまた夜寝れんくなるやつー！
あかあぁぁん！ 起きろぉぉーっ!!!(ﾟロﾟ)

2016年9月7日
なんてこった!!!!
鼻血もんだぜ!!!

2016年9月10日
いや、我ながら
アッパレですわ…!!

2016年9月13日
お風呂から上がって、ソッコーでマッパでおもちゃのベール被って決めポーズしてましたよ…! いや、そんなスケスケ衣装でお尻出してるお姫様いねーから!!!(゜ロ゜)
PS「変態」と書きましたが、後になって
「ああ、ここは変質者と書くべきだったな…」
と後悔しました←どうでもいい後悔っ!

2016年9月11日
思わず「よいではないか、よいではないか」
と言いたくなりましたよ!
多分これも私の口癖なんだろうなー(o´∀`o)
いやはや、変な言葉ばかり覚えてゆくよ…

2016年9月14日
最近散歩ですれ違う人によく「子供の方が元気だね〜」「目が死んでるけど大丈夫?」といったぐいの声をかけられます。そう、元気一杯明るくひまわりのような娘の後を死んだ魚のようなうつろな目でゾンビのように追いかけているのはこの私です(゜ロ゜)特に気圧の関係で変な天気の時はいよいよヤバイ顔で外を徘徊しています(ノ゜o゜)ノ

2016年9月12日
がんばって言おうとしてるんやけどなぁ(o´∀`o)
それにしても、「おかーしゃん、カレーどうぞ」って
それ、よからぬものが入りすぎてないかい?

2016年9月15日
ん？ 急にどうしたのかな!?
肉食系女子ではなく、
筋肉系女子を
目指しているみたいです。

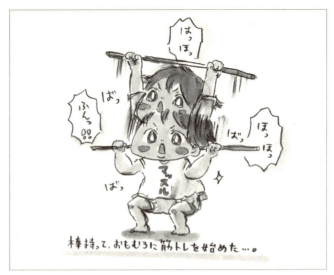

2016年9月16日
こんなん言われたら
パン焼いちゃうよねー(｡｀∀｀｡)
スーパーで30％オフの激安食パンを
美味しそうに頬張っておりました。

2016年9月17日
とりあえず、立派に報告できるようになりました！
ただ、そない言うて確認したら、していないという
トラップも仕掛けられていたりするので、要注意です(笑)

40

2016年9月18日
飴とか食べてると思われたらしく、
めっちゃ必死になって
口の中に手を突っ込んできました。
いだだだだだだ!!!!!

2016年9月21日
暗い部屋の扉が
ちょっと開いてたりすると、
「閉めてー!!」
と言ってくるようになりました
(怖いので自分では
閉められない模様(o´∀`o))
これもひとつの成長かな(*´∀`)

2016年9月22日
テンションで速度が
変わるようですよ。

2016年9月23日
畳みたくてもうまく畳めなくて
イライラする気持ちは
分かるんやけども、
なぜあえて畳んだ洗濯物を
チョイスしちゃうんだよー!!(;∀;)

2016年9月24日

みーたんってワンパクで
体力オバケでちょっとばかし
動きがダイナミックと言うか、
こっちも体力めっちゃ削られるけど、
何でもイヤイヤとかは言わへんから、
そこは良いよなって思ってたんです
…が…なんじゃこりゃー！
本当、「イヤイヤ期」とはよう言うたもんだと。
何でも「イヤイヤ」というか、
むしろ1秒前に「ヤッター♪」なものが
「イヤイヤ」になるんですね(；∀；)
正解が無いというか答えが無いというか、
どんだけ「ちゃうちゃう」言うんだと…！
(；∀；)でも私、知人から恐ろしいこと
聞いちゃったんですよね…
「魔の2歳児」「悪魔の3歳児」
こわいなー。こわいなー…。

2016年9月27日

今日は、毎週参加してる子育てサークルの日。
諸事情で車が無かったので、ベビーカー…で行きたいのは山々だったんですが、ベビーカーには頑として乗らない派のみーたん!!(；∀；)(1歳半頃には、乗るの完全に嫌がるように…)
しかし、母はこれ以上抱っこで腰を痛めたくない！
というわけで、試しに目についたショッピングカートをオススメしてみたら、気に入ったのか、ご機嫌で乗ってくれました！ しかし、気に入りすぎたのか逆に子育てサークルの部屋に入るのを嫌がり、結局1時間半ショッピングカートで散歩という地獄コースへ…。
こ、腰が、腰がああぁぁぁぁぁぁ!!!(°Ｌ°)

2016年9月25日

思いがけない礼儀正しさを見せた娘に
「あ、いえ、こここっちらこそ」てなりました.よ(笑)
お辞儀直角――!!! 百貨店の店員さんか思ったよ!!!

2016年9月29日
カフェランチでの出来事なんですが、
飲み会の席かと思うほどの盛り上げ方！
よっ、褒め上手!!

2016年9月28日
よくいろんなところに隠れて「ばぁ〜！」としてきますが、
こんなところにまで隠れちゃったーっ！
いやいやいや、バレバレにも程がある！

2016年9月30日
こけたときは、ちょっとすりむいて
血も出てたから心配して、
ずっとよしよししてたんですけど、
いやもう大丈夫やと思うよ!?
ほら、もう膝の血も
カピカピに乾いてますし!?
それにしてもなんだその、
腰が引けたヘコヘコした歩き方は！(爆)
ちなみにこの後、テンション上がること
があって、ティッシュ、ポイして
めっちゃ走り回ってました。
やっぱり大丈夫じゃないか!!!(゜ロ゜)

2016年10月1日
髪の毛のシャンプーを流す時、
前のように泣かなくなりましたが、
それでもやっぱり髪の毛洗われるのは
苦手なよう…。

2016年10月2日
うん、いや、歩こう!?!?!?(ﾟﾛﾟ)
散歩たくさんして
疲れさせる作戦のはずが、
母だけがむなしく体力を
消耗させられる散歩に…。
(負荷付き)

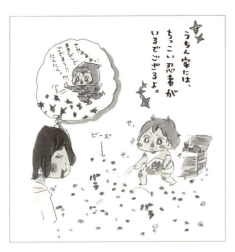

2016年10月5日
ほんま、子供ってどうしてビーズあったら
床にばらまくのー!?(゜ロ゜)
ありとあらゆる部屋にばらまくでござる。
あれかな?
くせ者が現れた時の防犯対策かな?
でも、その前に母さんがかなりの確率で
踏んづけるでござるよ…(;∀;)

2016年10月3日
料理をしていると、「みーたんも、おてつだい」
とやってきます(o´∀`o)
娘の成長が喜ばしい反面、
独創的、かつダイナミックな調理法に、
震えが止まりません…!!(;∀;)
おそろしい子…!!!(゜ロ゜)

2016年10月6日
うーん、けむしさん、
返事しても聞こえるかなぁ〜(o´∀`o)

2016年10月4日
お風呂で蓋でバリケード作るみーたん、
お風呂のマットのせたらえらく気に入ったらしく、
いよいよ出てこなくなりました(o´∀`o)

2016年10月7日

別室で洗濯物を干していると、
聞こえてきた一人言。
笑いをこらえながら聞いてました
（o´∀`o）
しばらくしてもなかなか
見つけられなさそうだったので、
大袈裟に服をはたいて、
洗濯物干したら駆け寄ってきて
見つかりましたよ（笑）

2016年10月8日

最近服にもこだわりが出てきたのか、
なかなかこちらが着せようとする服を
着てくれないので、
ともかくすごいテンションで
服を褒めて褒めて褒めまくって
その気にさせております！
ちなみに褒める時、「お姫様」「ドレス」
というワードはマストです！（笑）

2016年10月9日
快適なおむつ替えタイムを迎えるため、クッションまで敷くという徹底ぶり!!!
ううむ、快適さを求めるなら、トイレでする方が良いと思うのだけれどもーっ(o´∀`o)

2016年10月12日
起きてからも布団でのんびりゴロゴロするのって本当に至福の時ですよね(o´∀`o)
みーたんもその幸せを覚えたらしく、ここ最近ずっとゴロゴロしております…!

2016年10月13日
ホットケーキ焼いてあげたら唐突に
誕生日の歌歌い出しました(笑)
確かにケーキはケーキだけれども!
めっちゃ嬉しそうやけど、
なんか、誕生日に一人ホットケーキ
でお祝いしてる人みたいに
なっとるー!!!(゜ロ゜)

2016年10月19日
夕方の散歩後、玄関でシエスタ
かまそうとする2歳児…。
いやいや、あかん、あかんて!
しかもアナタ、例のショッピン
グカートに乗ってるだけやから
全然歩いてないよね!?
疲れてないよね!?!?(゜ロ゜)

49　第2章　みーたんは最近怖がり

2016年10月20日

しかもこれ、息吹き掛けてると見せかけて、
ほんまに「ふーふー」
言うてるだけですからね（笑）
頑張りは讃えてあげたいけどもーっ!!!

2016年10月21日

昨日の投稿のプリケツに対する
熱いコメントの数々、
ありがとうございましたー!!
みんな、やっぱり赤ちゃんの
お尻好きって分かって
嬉しかったです（笑）と、
ついこんなしょうもない妄想落
書きを描いてしまいました（笑）
いや、なんだ、プリケツ同盟て！
って感じですね。ちなみに
私は赤ちゃんのプリケツと
太ももの境目のあの、シワが
大好きです!!←コア過ぎるわ。

2016年10月24日

あの、生まれて間もない赤ちゃんのうごうごっとした動き、本当小さいうちの数ヶ月〜1年くらいしかしなくて、今はもう見られなくてちょっと懐かしいやら寂しいやらな気分になるのですが、今でも寝起きの時、伸びをしてクシャッとした表情であくびをする瞬間はどことなくその面影が見られて「ふぉぉぉぉ」とたまらない気持ちになります！
その数分後には
「あんぱんまんみるー」
「みるくのむー」
「うんちしたー」
とめっちゃハイテンションでしゃべりまくってますけどね（笑）

2016年10月25日

「ん？『も』ってどういうことだい？まさか、母さんより愛する人が…!!(ﾟロﾟ)」と、思ってたのですが、これ、周りにお父さんやったりおじいちゃんおばあちゃんがいるときに言うんですよね。
生まれてまだ3年も経ってないのに、もしかして、いっちょまえに、周りに気をつかってる──!?!?(ﾟロﾟ)

2016年10月26日
うん。気持ちはよーく分かるんやけど、ほら、もう10月も終わりだし、だいぶ秋めいてきたことですし、うっすい半袖ワンピースにオムツ一丁は母さん、さすがにキツいと思うの…。

2016年10月27日
頭下げすぎて、何か組体操みたいになっとる──!!!
もしくは、完全ふざけてる土下座──!!!(ﾟﾛﾟ)

2016年10月28日
自分を必要としてくれてる
存在がいるって幸せなこと。
さて、今日も、そして明日も、
母さん頑張りますか
(｡´∀｀｡)

2016年10月29日
周りにお義母さんとかいる中
やったからか、いっちょまえに、
恥ずかしかったんかな!?
そうよなー、女の子やもんなー！
すまん、母さん気を付けるわ！
うん、でも、うんちは臭いから！
ほんで、臭いから、そろそろ
する前に教えてけろー！

53　第2章　みーたんは最近怖がり

2016年10月30日
もう最近、ちょっと台所で水仕事してたら、
「おてつだい、すーる」と言って
椅子もって速攻で駆け寄ってきます(°ﾛ°)ｼﾞｺﾞｸﾐﾐ
そして、とってもダイナミックに水をくんで水浸しにし、
お手伝いをしてくれます。(;∀;)ははは！
カレー食べた後、つけ置きしてる鍋とか、
もう、かっこうの標的ですからね(°ﾛ°)
油ギトギトの水をすくっては
お皿やボウルに入れるという…。ギャー!!!(;∀;)

2016年11月2日
焼き芋、よっぽど嬉しかったみたいで
「おいしいねぇ、おいしいねぇ」と食べた後
最後の一口だけは大事に持ってたんですが、
うっかり地面に落としてしまい、
涙ボロッボロこぼして泣いてました(;∀;)
その後、もうひとつお芋いただきましたが、
落としたお芋も大切にずっと持っていました
(o´∀`o)
うん、また焼き芋しようね(o´∀`o)

2016年11月3日
なんか深いこと
言い出した──っ!!!(°ﾛ°)
母の回答「えっ、あっ、そうや
なー。しょっぱい水で魚が住ん
でて大きくて、そうやなー…。」
母のボキャブラリーと
知識のなさ──!!!(;∀;)

2016年11月4日

一昨日が私の誕生日だったり、結婚記念日だったりしたので、今日夕方船に乗ってスシローに行ってきました(｡´∀`｡)
みーたんに「今からお寿司食べに行くよ」と言ったら、何かもう、すごいテンションになって、船のなかでも「おすし、おすし」車でも「おすし、おすし」行く道中のお店でも「おすし、おすし」でした。てっきり好きな、イクラでも食べるのかと思ったら、具はそっちのけでひたすら酢飯ばっかり食べてました。お陰で母さん、お寿司じゃなくて、お刺身食べてる状態ー！
それにしても、「おすし＝酢飯」て、それどうなんだい!?(ﾟﾛﾟ)
たらふくお寿司（酢飯）を食べ、満腹になった直後すぐウトウトしてました。
本能のままに生きる娘…!!

2016年11月6日
おう、そう来るとは母さん思ってもみなかったわ…!!!(｡´∀`｡)

55　第2章　みーたんは最近怖がり

2016年11月7日
何にでも世話をやきたいお年頃
(o´∀`o)
ちなみにニンジンはあのおままごとで
使う真っ二つに割れるあのやつです。
半身だけ寝かしつけてました(笑)

2016年11月10日
我が子ながら、不意打ちでとっても
可愛いこと言ってきた――!!!
アメとムチの、
特大のアメくれた――!!!
というか、何か、
恋愛漫画でモテそうな女子が
言いそうな言葉――!!

2016年11月10日

案の定、注射前と注射の時はギャン泣き、でも、めっちゃ泣きながらも何度も先生に挨拶してました（笑）
早く帰りたい気持ちが強くてかもしれんけども、それにしても、律儀――っ!!!
(｡´∀`｡)

2016年11月13日

風邪引いてダウンしてましたが、今日なんとか回復しましたー！
で、テンション上がっ
「みーたん、散歩行こうZE☆ッフ――!!」
と誘ったはいいものの、
二歳児の体力なめてた――!!!
三十路の体力の無さなめてた――!!!
かけっこで動悸息切れ――っ!!!!
帰りは変な汗と震えが…(°ロ°)
みーたんに「かーしゃん、だいぶーぶさかー？（大丈夫？）」と心配される始末 (°ロ°)
病み上がりの無茶、ダメゼッタイ！

57　第2章　みーたんは最近怖がり

2016年11月14日
散歩してるとほぼほぼ
「かけっこ、す—る？」
と誘われます(o´∀｀o)
やる気なさげに走ると
「もっと来いよ！　お前の本気は
そんなもんじゃないだろ？」的な
眼差しでチラチラこちらを確認。
やる気を出して先頭を走ると、
こうなります(o´∀｀o)ノ
さじ加減がなかなか
難しいんだぜ!!

2016年11月15日
そこに山があるから登る精神の
持ち主だったようです(゜ロ゜)
いやいや、やめてー!!

2016年11月16日
どこに隠すか
チェックしとる───!!!
いなくなったと思ったら遠くから
チェックしとる───!!!
油断ならん───っ!!!!(°ロ°)

2016年11月18日
Qoo(リンゴ味)で一杯やってる、
午後3時…。
いやだから、ちょいちょい将来呑兵衛
なるんだZE☆なフラグ立てるの、
やめなはれ───っ!!!

2016年11月19日
いやいやいや、
終わってないだろ——っ!!!!
(ﾟロﾟ)
さっきまで人見知りでテンション
下がって黙ってたのに、
何でいきなりはっきり通る声で
言い切った!?(ﾟロﾟ)
しかも、5回くらい言った!
イヤイヤ期…
終わったそうですよ?

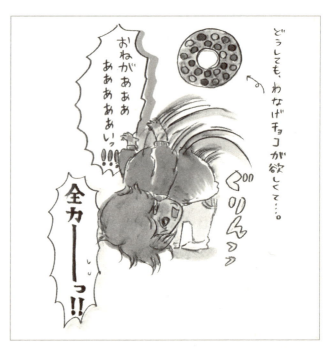

2016年11月20日
高校球児並の礼した——っ!!!

2016年11月21日
漫画に出てくるみたいな
ヨダレの垂らし方————っ!!!
母は一種の感動を覚えたよ…!!

2016年11月25日
「おやすみー」と言って電気消した後に、
ぼそぼそとしゃべる感じが、
もう、たまらんのですわ!!
ちなみに、一緒にたくさん遊んであげた日や、
おでかけして遊んだ日に言ってくれるので、
「今日は全力でお散歩したし、聞けるかも…ぐふふ…」
と、ちょっとしたモチベーションに繋がっております
(o´∀`o)

2016年11月23日
今日、「はい、ピース」って写真撮ってあげたら、
もれなくこのポーズでしたよ.

2016年11月26日
海辺を散歩した時に、
見つけたプラスチックの破片(ゴミ)を
えらく気に入って、「たからもの〜」と
大事そうに持って歩いていたんですが、
お気に入りのわんちゃんにあげようとして
ました(o´∀`o)
大事な宝物、あげようとする気持ちは
素敵やけど、うーん、ゴミやからな…。
お気持ちだけさしあげる感じでー!!

2016年11月27日
いよいよ、服を着せるのが
大変になってきましたよ(゜ロ゜)
コタツムリ―!!!

62

視線	お菓子との格闘

目が合うと、変顔。	うまく開けられないと、ふて寝。

にらめっこ / おばけごっこ

ハート / 白線

風邪①

風邪②

キャッチ&リリース&キャッチ

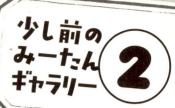

2016年1月13日
そうよねぇ。寒いわよねぇ。
うん、せめてオムツくらい穿こうか!?

2016年1月28日
予想はしていたけれど、予想以上の大泣きっぷりでした(;∀;)
娘も私もおつかれさまーっ!!!

第3章

みーたんは夢中になる

2016年11月29日
最近寒くなってきたので、
お風呂のお湯も最初は熱く感じますね(*´∀`)
というわけで、みーたんはお風呂に浸かるのに抵抗するようになりました。
ちなみに、一度浸かってしまうと、熱さになれて平気になるのか、
お風呂からあがってお湯をさわって「あちゅくないっ」とびっくりしております(笑)

2016年12月1日
以前に直島の古民家で
シェアハウスをしていた
友達なっちの家にお茶をしに
行ってきました(o´∀`o)
前々から気になっていた
お灸をしてもらったのですが、
煙が出ると、フーッフーッと消そうとするみーたん(´∀`)
たしかに熱いけど、大丈夫だよ〜！
それにしても、お灸いいなぁ。
私も家でやってみようかしら。

2016年12月2日
時々、急にこんなご褒美をいただきます
（o´∀`o）
育児してると、ちょっと気持ちに余裕が
なくなったり、落ち込むことあったり、
たま〜に、自由な一人暮らし時代が
懐かしくなったりもしますが、
この瞬間は、本当そんな気持ちも
ふっとびます（o´∀`o）
子供にはもちろん、
親の愛が必要だと思いますが、
親も親で、子供の愛に救われてるところ、
たくさんあるなぁと感じます（;∀;）

2016年12月2日
本人の要望に添って着せたら、
こんなことになりました！
ピースがうまい具合にラッパー感の
あるピースになってました（笑）
そのうちラップバトルとか申し込まれ
たらどうしよう…！

73　第3章　みーたんは夢中になる

2016年12月3日
しかも、
「買ってきてね」じゃなくて
「買ってこよっか」ですからね。
何気に拒否権ゼロですよ！
将来、「焼きそばパン買ってこいよ。
あ、あとイチゴ牛乳な。」
とか言い出すかもしれません。
ヒーッ!!

2016年12月4日
最近よくしゃべるんですが、
「名詞＋〜した」で話すことが多く、
今回「涙＋〜した」で
しゃべることにより、
詩的で知的な表現になったという…！
「赤ちゃんえーんえーんって泣いてるね〜」
って言おうとした母、
ちょっと恥ずかしくなったよ!!

2016年12月6日
かくれんぼブーム到来!!
しかし、隠れるのはいつも
同じ場所です(笑)
こちらも本気で、タンスやら
おもちゃ箱やら、洗濯物の山やら
を探します(o´∀`o)
そして、かくれんぼしたいときは、
うっかり自分で居場所を
アピールしちゃうという(笑)

2016年12月7日
「はい」じゃなくて、
「はいはい」!
うあちゃー、これもまた
私の口癖なのか!? そうなのか!?(°ロ°)
それにしても、依然として
炭水化物とソーセージと果物(主にみかん)
しか食べない、みーたん...
来年始まる幼稚園が心配だよー!!

75　第3章　みーたんは夢中になる

2016年12月8日
聞いて、作って、持ってきたら
ほら、この通り…!!(;∀;)
さっきの、うどんのクチ
どこいった…!?!?

2016年12月11日
大門未知子もビックリ!
聴診器で治す、ドクターMです(´∀`)

76

2016年12月12日
いやいやいやいや!
パジャマのズボン脱ぐだけだから!
パンツは脱がんからーっ!
そして、何なんだいその反応は!
テンション上がりすぎー!!
あれだ、漫画でよくある、
「キャーッ」って言って、
手で目を隠してるけど、
指の隙間からがっつり
見てるやつやーん!

2016年12月13日
えっ? どういうこと!?
エネルギー補給ってこと!?
前世アリクイなの!? ねぇ!?(°ロ°)
ちなみに、まつざき家は
アリを食す習慣ありませんからーっ!!

77　第3章　みーたんは夢中になる

2016年12月20日
オシャレもしたい、お年頃？
うん、でも、どうみてもその髪型は———っ!!
ローラースケート履いてるようにしか見えないよ!?!?
それにしても、昭和のアイドルを思い浮かべてしまう
あたり、私のおばさん度を物語っております…!!

2016年12月21日
まさかのエリマキスカート!!!
しかし、全然怖くない!!!

2016年12月14日
先月末、おもちゃ王国に行ったのが
本当に楽しかったらしく、そのときからずっと、
コンスタントに「おもちゃ王国に行こう？」
とお誘いを受けます(´∀`)あわわわわ…!!

2016年12月17日
みーたんも、大きくなってきて
「布団狭いー！　もう、別っこにして寝るー！」
と思ってたのですが、
最近はぬくぬくあったかくて、幸せなので
率先して私がみーたんの布団に潜り込みます
(｡◕‿◕｡)

78

２０１６年１２月２６日

文房具コーナーにある、整理整頓用の丸いシール、
それと、紙を一枚あげたら、自分なりに形を考えて
貼っていて、楽しそうでした(ｏ´∀｀ｏ)
シールあげてもすぐなくなっちゃう！という方、
おすすめです(´∀`)
(なんてったって、100円でシール1000枚ですよーっ!!)
クリスマス仕様にデコレーションしてみたけど、
クリスマスに間に合わず…！(°ロ°)

２０１６年１２月２３日

本日、月に１回来る移動図書館の日でした。
バレリーナの絵本がお姫さまみたいで、
もろタイプだったらしく、移動図書館に来ていた
お姉さん方にグイグイアピールしまくってました。
ちなみに、２ヶ月前来たときは絵本に興味なんて
一切示さなかったのに、
本当に少しの間に子供って成長するんだなと
実感しましたよーっ(´∀｀)

２０１６年１２月２９日

まさかの一発芸！(°ロ°)
確かに忘年会シーズンだけれどもーー!!

２０１６年１２月２４日

メリークリスマス！に、関係のないお話になっちゃいま
したが…！ つい最近まで「かわいいねぇ」と
褒めてくれていた娘がまさかの…！
なにそのトレンディーな褒め方！ どこで覚えたの!?!?

2016年12月28日
何その肩すぼめて、
腕クイッとしよる感じー!!

2016年12月30日
ドアを開けてひたすら喋ってくる…!
髪の毛流してる時に「こんにちは」
連呼して返事待ちしてる!
あいさつできるのは
素晴らしいことだけど、
Ｔ―Ｐ―Ｏ―!!!!(((´Д｀lll)))

2017年1月2日

どこ行くのも何するのもお姫様！
庶民的すぎるお姫様!!
それか、よくアニメなんかである設定の、お姫様が普通の生活に憧れてこっそりお城を抜け出して、普通の生活を楽しむ、あの感じのやつ！
ドレス着てるから
バレバレやけどもーっ!!

2017年1月3日

えっ？あ、そこにもライバル心燃やしちゃうのねーーっ!?!?(ﾟﾛﾟ)
赤ちゃんの自分を、自分と認識できんかったらしく、
「おかあしゃん！
おかあしゃあぁぁぁぁぁん!!」
と気を引こうとしていました(´∀`)
あと、写真のみーたんが
おめかししてたので
「みーたんもおきやえ（お着替え）する！」
「おかあしゃん、だっこ！ だっこ！」
言うたりしてました(´∀`)
おおう、それもまた愛し！

81　第3章 みーたんは夢中になる

2017年1月9日
意外と几帳面と言うか、キレイ好きと言うか、
細かいと言うか、面倒なのです(o´∀`o)

2017年1月13日
化粧してたら、寄ってきては化粧してーっ！とお願いされたり、化粧道具をかっぱらわれたりするのですが、持っていってほしくないものばかりチョイスして持っていく——(；∀；)

2017年1月7日
上手くご飯が食べられなかった時、
歩き疲れた時、思うように踊れなかった時、
ブロック積むのに失敗した時、等々…。
おまけに、わりかし初期の段階で発します(o´∀`o)
うん、もうちょい頑張ろう！ もうちょい根性見せよう！

2017年1月8日
ほんとにこんな寝相で寝る人っているんだ!!!(ﾟﾛﾟ)

2017年1月11日
これっ…!!
誰かに共感していただきたい——っ!!!
みかん星人のみーたん、
今まではすぐ手が黄色くなってたのに、
今年はそこまで…。
大きくなった分、黄色くなるのにいる
みかんの量も変わったのかしら〜?
と思ってたら、思ってたら——っ!!!!!
足の裏、真っ黄色やないか——いっ!!!
(ﾟﾛﾟ)

2017年1月15日
読もうと試みる、
その姿勢が素晴らしいんだぜ!!
(｡´∀`｡)

2017年1月18日

かあさん、まじでつらたんだお www(;∀;)
ばぁば大好きなみーたんで、四六時中ばぁばコールがすごいんですが、最近その上、本気で母さんに対する態度が冷たくて、自分の育児に自信喪失が止まらない毎日です…！ 最近バタバタしてるから、もっとちゃんと向き合ってあげないとだめなのかな？ 愛情不足？と悩みが止まらず、心がゲッソリ(身体はポッチャリ)な日々です。子育てって、難しいYo!!!(;∀;)

2017年1月16日

やだ、その可愛さも演技なの!?
女子ってこわあああい!!!

2017年1月21日

いっちょまえ気分の3歳児☆(o´∀`o)

2017年1月23日
ウォータースライダーかなっていうくらいの勢いで飛んでいきましたΣ(ﾟДﾟ)
幸いしりもちついただけで本人は平気やったんですが、滑り台、ビックリするくらいのスピード出るときありますね！(ﾟДﾟ)
(逆に全然滑らんでお尻いたたたたってときも)
滑り心地のチェックをせねば！

2017年1月24日
「私は私」みたいな哲学的なこと言い出したー!!

85　第3章　みーたんは夢中になる

2017年1月25日

つれない態度が増えたせいか、
急に来る飴効果がすごい…!!!!(;∀;)
胸がキュンっじゃなくて、
ギュウウウウン!!ってなります(笑)
そんなこんなで、
会いたくて会いたくて
震えることはありませんが、
可愛くて震えることはあります☆

2017年1月27日

一昨日の話になりますが、
今年春に入園する、
幼稚園の説明会に行って来ました!
(島の子はだいたい3歳から4歳になる
年に入園します(o´∀`o))
最近イヤイヤがすごいから、ぎゃん泣き
するだろうなーと覚悟していたら、
めっちゃ楽しそうにしていたので、
拍子抜けでした(o´∀`o)
説明会も最後の30分は親子別になるの
で、迎えに行く時「かーしゃあああん!」
とかけよってくると思いきや、
おままごとで夢中で遊んで、
家に帰りたくないと駄々こね。
トイレトレーニングやら偏食やら、
不安はたくさんありますが、
ひとまず幼稚園は気に入ったようで
ちょっとひと安心でした(o´∀`o)

2017年1月29日
クシャクシャでも、
フニャフニャでもなく、
クニャクニャ(o´∀`o)

2017年1月30日
タラちゃん見ても、
「子供やのになんで敬語やねーん。」「家族にもなんで敬語やねーん。」
とか思ってたんですが、実際我が子が発するととんでもなく可愛かった件！(;∀;)

2017年2月1日
ともかく言われることに反抗したくて、
イヤイヤ言うたものの、
少し考えて、やっぱりそれ欲しいわ…っ
てなった時の感じ。

2017年2月2日
た、たしかに似ておる!!!(゜ロ゜)
しかし、育児絵日記にクラシックの
作曲家の似顔絵を描く日が来るとは
思わなかったよ、母さん(o´∀`o)

2017年2月3日
いや、どんなイタズラだよ!!(ﾟﾛﾟ)
母さん毛玉でも吐くのかと思ったよ!!!
(ﾟﾛﾟ)

2017年2月4日
テンション高く起こしに行ったら、
注意&なだめられた…(ﾟﾛﾟ)
うん、朝からこのテンションは胸焼けするよね。すまぬ…。

2017年2月6日
おぉ…!? 江戸っ子ブーム!?

2017年2月7日
父と子の甘いひとときと思いきや、
まさかの暴言——!!!
いや、たしかにそうなんやけどな。
さすがに直球すぎる…!!(゜ロ゜)
ととと父さーん!!!!(゜ロ゜)

2017年2月9日
シロップ飲みたさに、まさかの仮病 !!!(°ロ°)(°ロ°)

2017年2月11日
それ、個人的な感想——!!!
しかも、お魚好きじゃないし、
食べないのに
なぜ——!?!?(°ロ°)

2017年2月12日
前までほっぺにチューやったのに、いきなり非常に原始的で野性的なスキンシップに移行しました。

2017年2月16日
木の棒や、魔法のステッキ、おもちゃの剣等々、棒に目がないので、これで何とか誤魔化せないかなと思ったけど、あかんかったー！
賢くなってるー！！

2017年2月23日
もう、鼻血ものでした…！
真剣にお風呂に入る
みーたんを見守りつつ
みーたんのお尻を
ひたすらガン見していた
変態母さんは、私です。

2017年2月25日
お尻ネタが続きますが…。
あまりに親が「しりーっしりーっ」
というので、
なんかクレヨンしんちゃんがやりそうな
尻アピールをするようになりました。
こらっ、そんなこと母さんの前だけに
しなさいよ←いや、止めさせなさいよ

2017年2月20日
本当に今まで炭水化物しか食べなくて、
夕食の唐揚げを見て「みーたんも、たべる」言うのを聞いて
「まぁそない言うて、食べるとしても衣とかしか食べんのやろな」と思ってたら
めっちゃ食べよる──!!(゜ロ゜)
突然変異にもほどがある!!(゜ロ゜)(゜ロ゜)

みーたんと父さんとお風呂①

みーたんと父さんとお風呂②

結婚相手

少し前のみーたんギャラリー ③

2015年12月23日
この前旅行に行ったとき、1個だけ買った紅マドンナを食べました。
本当、美味しすぎて胸が「ギューーンッッ」てなりました（;∀;）

2015年12月30日
困った、親子揃って止まらない…!!!
明日もう一度炊こうかな…。

第4章
みーたんは時にワイルド

2017年2月26日
頭から牛乳（お湯）
ぶっかけられました(゜ロ゜)
「すいやせん、先輩！
すぐ…すぐ、カツサンドと
コーヒー牛乳買ってくるんで!!」
って気持ちになりました。

2017年2月28日
前回のお風呂事件といい
確実にみーたんの中の
ヒエラルキー、だいぶ下の方に
私がいるんじゃないかと
いうフシがある…!!(゜ロ゜)

2017年3月1日

相変わらずトイレを拒否し続ける
みーたん…！
誰だっていつかはオムツ取れるんやか
ら、そんな焦ってもいかんよな、この子
にはこの子のタイミングがあるよな、と
思ってたり思うようにしてたんですが、
3歳児検診の検尿の壁──!!(ﾟﾛﾟ)
ラップ＆ガーゼを敷いて取ろうと
試してみるも失敗…！
吸水ポリマーの威力すごい！
技術の進歩ー！(；∀；)
検診は明日…！
うまく、うまくいって──(；∀；)

2017年3月3日

オムツ全体をカバーするほど分厚く長め
のラップで作ったシートの上に、ガーゼ、
さらにその上にコットンを敷いたオムツ
をはかせ、何度もオムツをめくり、「よっ
しゃ、おしっこしとる！」と確認したのち
絞ったら何とかなりました！(；∀；)
が、喜んだのもつかの間、コットンが
100均の安くて大量に入ったコットンや
ったからか、白いモケモケの繊維が入りす
ぎて、こんなことにー！
他の数値は正常やったんですが、オムツ
とれたら、半年後とかでもいいから持っ
てきてね と言われました。た、たしか
に絞ったとき「ん？ なんか白い？ ペー
パーフィルターで濾すべき？」と思った
りしたけれども…！←それもそれで、どうかと…
ちなみに、みーたんは身長・体重測定が
嫌でほぼ大半ギャン泣きでした(。>д<)
予測はしてたけれども…！
何にせよ、無事に終わってひと安心でし
た(；∀；)
心配してくださったみなさま、本当にあ
りがとうございました！
そして、採取にコットンを検討されてい
る方、モケモケのコットンはおすすめし
ないので、ぜひ普通のコットンで！

2017年3月7日
なんか、仕上げのワックスの感じで、アヒルのおもちゃ、頭にソッとのせられた…!(ﾟoﾟ)
なんだこれ!
原宿ファッション!?
珍事件は会議室で起きてるんじゃない。
風呂場で起きてるんだ…!!(ﾟoﾟ)

2017年3月9日
っえ―――!?!?!?
(ﾟoﾟ)(ﾟoﾟ)(ﾟoﾟ)
ちょっと前に父さんとこんなやりとりあったけど、まさか母にまで来るとは…!(ﾟoﾟ)
「きったねぇ」よりは若干言い方がマイルドやけど、それにしても――!!!

2017年3月14日
うちのお風呂、古くて蛇口を
ひねって自分で温度調節しつつ
入れるんですが、
大体25分でいい感じに溜まる
ので、いつもキッチンタイマー
かけてます(o´∀`o)
最近、そのキッチンタイマーを
押すのがブームなみーたん。
壁の上の方にかけてあるキッチ
ンタイマーをソファよじ登って
うまい感じに押しております。
SASUKE――!!!

2017年3月16日
素材の味を味わう的な――!?!?!?
(゚ロ゚)(゚ロ゚)(゚ロ゚)
がんばって黄緑の色紙を細くしてると思ったら、
まさか長ネギを作っていたとは…!!
親子二人、偽長ネギ(緑色の色紙)を
丸かじりするという、なかなかワイルドな
おままごとをしました(o´∀`o)

2017年3月17日
いっちょまえに、恥じらいの気持ちはある、
乙女なみーたん3歳です(o´∀`o)

2017年3月20日
最近、上からみーたん
この他にも
「カピルスいれていいよ
（カルピス入れて）」
「あそんでいいよ（一緒に遊んで）」
など、ありとあらゆる要求を
上からしてきます(o´∀`o)

2017年3月21日
おぉーっなるほど！
そう捉えたか…!!(゜ロ゜)
大人になった今
そんな風に思うことないなぁ。
子供の感性って
面白いわ…(o´∀`o)

110

2017年3月25日
流行りのトップスをインしてはくハイウエストパンツ…。
お腹ポコーン☆ムチーン☆キューピー体型のみーたんはスマートに、はきこなせず…。
親バカeyeをもってしても「ダッッッサ!!」なコーデになりました。

しかも、ポッコリお腹のせいでハイウエストパンツがもれなくずり落ちてくるので、めっちゃ引きずる!
→裾折りまくる→別物パンツという悲しい結果に…。
ううむ、オシャレって難しい…!

2017年3月27日
人違いしたけど、
「ん? 私間違ってないよ? 声?かけてませんけど?」的なポーカーフェイスでやり過ごそうとする反面、人違いしてしまったことに対するショックが隠しきれず無の表情になっている娘3歳。
生まれてまだ3年しか経ってないのに、そんな複雑な感情も持ち合わせるようになったんだなという感動と、単純に一連の流れの面白さに、胸が熱くなり、震える母がいました(｡´∀｀｡)

2017年3月31日
自覚しちゃったーっ…!!(゜ロ゜)
わざわざ湯船から出て
(相変わらずぎこちなく湯船出入りしてます(笑))
湯気で見えなくなった鏡に
お湯をかけて、じっくり確認
したけど…(o´∀`o)
うん、顎タプタプというか、
タプンタプンだからーっ!

2017年4月5日
てっきり、起き上がって、ついてくると思いきや、
大地と一体化してたー！(ﾟロﾟ)
頑として動かない強い意志——!!(ﾟロﾟ)

2017年4月8日
「おなまえ、は？」の「な」が抜けて、
めっちゃ偉そうになってるー！
しかも、さっきまでちゃんと
言えてたのに！
たまたまなのか、
もしや、狙って…!?!? Σ(ﾟДﾟ)
父さん…ドンマイ!!

2017年4月12日
本日入園式でした!!
島は基本三年教育な感じです
(o´∀`o)
胸につけてもらったリボンを速攻
引きちぎって、ただの紐にしたり、
式中ビデオカメラで録画する父を
さがしまくったり、
ともかく落ち着きのない感じでしたが、
なんとか無事終わってよかったです。
明日から、バス通園…
乗ってくれるのかー!?!?(。>д<)
そして、8時半に行って10時には帰って
くるので、バタバタな予感です
(o´∀`o)
楽しんでいってくれたらいいなぁ
(´、∀｀)

2017年4月13日
少年アンペに出てくる、
まおちゃんみたいな表情してました
(゜Д゜)
いや、もっと反応ないんかーいっ！
一体どういう感情からの表情なん!?
それ！Σ(゜Д゜)
本日初めての通園でしたが、
行きのバスも何事もなくポケーッと乗り、帰りもバスを降りたら
「また来てねー！」とバスに手を振って
言うてました(o´∀`o)
ギャン泣きとかしなそうだなぁ、
とは思っていましたが、
ここまであっさりとは…!!

2017年4月14日
昨日は訳もわからず
キョトンとバスに乗りましたが、
今日は泣いて泣いて泣きまくっ
てバスに乗せられてゆきました。
自然と脳内にドナドナが流れる
(;△;)これはあかん、
子はもちろん、
母もかなり辛いぞ——！
(。>д<)早く笑顔で行ってくれ
る日を願って(;∀;)
とりあえず、来週の月曜日、
制服も嫌がって着なかったらど
うしようとドキドキの母です。

2017年4月16日
最近の怒り方、3段階になっております。
最終形態で、ツバをブーッととばす真似を
します(真似だけでとばせてない)。
コラコラコラー!!!

2017年4月19日
なんかすごい呼び名作り出しちゃった――!!!
どうも、ぶたたぬき母さんです(;∀;)
それにしても、ブタゴリラってすごいあだ名よなぁ…。
ブタゴリラ的にはその呼び名、大丈夫なんかなってわりと昔から気になってる私です。

2017年4月21日
本日、私の初の書籍が発売となります!!(いや、初のとか言うてるけど、最初で最後の可能性高いよ(笑))
この文章も緊張で手震えながら打っています。ブブブブブ…。ほんまに買ってくださる方いらっしゃるのかしら…。と今日までドキドキでしたが、たくさんコメントをいただき、本当に本当に救われました(;∀;)
夜も眠れるようになりました!(笑)
本当にありがとうございます!!

2017年4月23日
旦那が熱血阪神タイガースファンで
ここ最近試合をよく見てるので、
どうやら、みーたんの中で、
「野球選手＝タイガース」
になってるっぽいです(゜Д゜)
野球少年集団に、
めっちゃテンション上がって、
小躍りしながら、
「たいがーす！ たいがーす！」
と連呼していました(笑)

2017年4月25日
なんだい、
素材の味を楽しむ派なのかい？
みんなでお弁当持って
公園で遊んで食べよー！
と誘ってもらったので
「こ、これはまさか皆、キャラ弁を持ち
寄ったりするのでは！？」
と、がんばって作ってみたのですが、
撃沈しました。

2017年4月27日

一見和む光景ですが、
一瞬の隙をついてブツを隠すという、
かなりインポッシブルなミッションが
行われております。

2017年4月28日

幼稚園に行く前、
家で遊ぶスイッチが入っている時の
みーたん。
いや、めっちゃ棒読みー！
さっきまで踊りまくってましたやん！
それでも、やっぱりまだ幼稚園慣れ
てないんかな？
母さんといたいんかな？とか思ったら胸がきゅっとなるんですが、
それにしてもあからさまな仮病なので、何とかして連れていきました。
家に帰ったらたくさん遊ぼうな
(;∀;)

2017年5月1日
衣替え中、かわいいスカートを発見！
しかし、ワンピースの下に
穿いちゃうもんだから、
しかも上の方まで上げて
穿いちゃうもんだから、
何か愉快な生物になってました(笑)
いやいや、穿きたいスカートを
自分で穿こうとしたこと、
おまけにその出来上がりが
思てたんとちゃうことに気付いたこと、
成長ですよね！
せ…成長です…よね…ぷふぅっ！
あかん、やっぱり笑い堪えきれんかった(o´∀`o)

2017年5月8日
娘のこんな軽快なステップ、
初めて見たよ!!
あまりにも楽しそうだったので、
また連れていってあげようと思います
(o´∀`o)

2017年5月10日
車の窓をちょっと開けて
走っていたときのこと。
風きもちいいねと言うかと
思いきや…！

2017年5月11日
島に新しくできたコーヒー屋さんに、
お友達と行って来ました(o´∀`o)
カッコイイ爽やか店員さんに
照れまくりの、みーたん。
「何歳ですか？」と聞かれても、
「かーしゃん、なんさい、いってよー」と
私に振って全然しゃべらず。
(何か女子中学生が憧れの先輩に
話しかけようかやめようか、
あれこれしてるやりとりみたいになった)
リンゴジュースも照れて全然飲まず。
店員さんが気を遣ってカウンターに
戻ってくれはった途端…
すごい勢いで飲みはじめたー!!!
ダイソン並の吸引力で
飲みはじめたー!!!!
さっきの、おしとやかさ何処いった!?!?
3歳の娘に女子の一面を見た、母でした。

2017年5月13日
「あっれー?
こんなところで会うなんて
奇遇だなー。
これも何かの縁ということで、
一緒にお茶でもどうかなー?
なんて…」
的なベタな演技を繰り広げます。
「飴ちゃんちょーだい」と
直球で来ないところらへんに、
奥ゆかしさとあざとさを感じますね
(｡´∀`｡)

2017年5月16日
バイキンマンとドキンちゃんしか
基本してなかったんですが、
ここにきて主人公のアンパンマン、
オーダー入りました!
「普通の丸やん! 特徴ー!!」と思い、
とりあえずオールバックにしてみたら、
意外と満足していただけました (｡´∀`｡)
いや、何かブチ不良みたいに
なってますけど!?
もしくは、マルフォイ。

2017年5月18日

尿検査、
もう不安すぎてお知らせの紙をもらってからずっとソワソワしてました (;∀;)
最近朝起きてから幼稚園行くまでの間にもおしっこしない時あるので、水分を摂らせようと必死でした (゜Д゜)
結局麦茶で一気コール…。
おかげさまで、何とか今回は無事提出することができました！
え？ 今もオムツはいてるのかって？
安心してください。
はいてますよ!!! 泣
もう本当にトイトレどうしたらいいのか分からない…。
焦っちゃダメと言われつつも、プール開きまであと1ヶ月半…。ひー。

2017年5月19日

お腹すいて元気なさそうに見えたのか、
唐突に甘納豆をいただきました (笑)
うおお、ありがとー！

123　第4章　みーたんは時にワイルド

2017年5月22日
ん?
何か、よからぬワードが
聞こえたぞ!?!?!?
あ、あれかな、
おばけって言おうと
思ったんかな?
(それはそれで失礼)
それか、オバマさん。

2017年5月26日
いつも、
「わーっ、もうブンバボン
始まる時間! やばいやばい!」
と準備している我が家ですが、
この日はゆったりと家を出ることが
でき、のんびり幼稚園バスを
待っていました。
何気なく娘の頭を撫でて、
ふと感じる違和感…。
「なんか、いつもと違って
ワシャワシャするな…」
ん?
「この子、帽子、
して…NAAAAI!!!」
玄関にポツリと置き去りに
なっていた帽子を取りに、
猛ダッシュでした。
結局「遅刻ギリギリセーフで来た
んやな」みたいになりました。

124

2017年5月28日
そっちの「えいえいおー」なんや!?!?
しかも、集団でするやつやから、
二人でしてもちょっと寂しいやつー!!

2017年5月31日
食い意地がすごい!!
それにしても、母に対する信頼
の無さよ…Σ(°Д°)
食べてるときに声かけただけで、
横取りされる危機感が
芽生えるという。
母さん、どんだけ意地汚い
キャラやねん。
確かに、「おっ、みーたんもういらんの?」ってピノ一つ食べたりとかするときもあるけど。←いやだから、そういうとこや。

125　第4章　みーたんは時にワイルド

2017年6月2日
最近の、おねだりスタイル。
最終的に両手で顔をホールドされ、
逃げられない状態で
要求を述べてきます。

2017年6月3日
さっきまで二人で
きゃっきゃしてたのに、
いきなり素で、標準語で
まともに返されたよ。

2017年6月5日

これ、「わかるー!」という方いらっしゃいませんか!?!?
なんか、立ってたり普通にしてたら、「まだまだ小さいなぁ」と思うのに、寝っころがったら、すんごく大きく見える…というか、「長っっ!!」てなるという。
タオルケットかけたら、いよいよ長く見えるという。
思わず、マジックかな？ってなる。トリックアートかな？ってなる(笑)

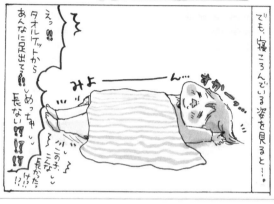

2017年6月9日

「わーい褒められた～!」
…って…母子関係逆転しとるーっ!! 前回の、「寝たら子供大きく見える説」(水曜日のダウンタウン風)にたくさんの共感コメントいただき、本当にありがとうございます!!
うちだけじゃなかったんやー!!ってすごくうれしくなりました
(o´∀`o)
いや本当に、この怪奇現象に名前ぜったいつけるべきやわ!
なにがいいかな…
「ネタラナガーイの法則」
「ヨコニナッタラ・ビヨーン現象」
「ヨコビヨーン現象」
↑ネーミングセンスのなさよ…
何かいいのがありましたら、ぜひ!!

2017年6月11日
オウム返しが生んだ悲劇&喜劇
(｡´∀｀｡)

2017年6月14日
幼稚園で怪我して絆創膏
貼ってもらったのがきっかけで、
絆創膏ブーム到来!!
もうすっかり治ってるのにー!!
絆創膏を貼ることで、
いつものコーデに抜け感
(ドジっ子要素)をプラス。
ちょっぴり派手カワデザインの絆創膏
(プリキュアデザイン)が、マンネリ化した
ワントーンコーデをワンランクアップ！
さりげなく周りの子達に差をつけて…

2017年6月16日
一緒に手遊びしようと思ってたら、
まさかの反応ー！
キビシーー!!

2017年6月17日
田植え、途中で飽きたのか
中盤からひたすら
オーガニックでロハスな美容に
勤しんでたーっ(゜ロ゜)

129　第4章　みーたんは時にワイルド

2017年6月19日

あの、観光地にいる観光客のお菓子を狙って取っていく猿を彷彿とさせる動きでした。

2017年6月20日

母さんが余計なこと言うばっかりに、変なことになりました。
「いーっ」やなくて、「にーっ」っていうてあげたらよかったわ(笑)
先日、七五三の写真を撮ってきました。
食欲旺盛でぷくぷくさに磨きがかかった娘を、素敵にオシャンティーに撮ってもらいました！
「あれ？ これが…娘…？」っていうくらい可愛く撮ってもらえました。
スタジオマジック!!
唯一後悔してるのが、「七五三やから、娘だけしか撮られんやろ」と、夫婦は完全無防備＆ド普段着で行ってしまったこと!!
家族撮影もしてくれはったー！
夫婦の服装の方向性のバラバラさー！(゜ロ゜)
せめて帽子ハットで揃えて行けば良かった(汗)

2017年6月22日
なぜか
「いや、私のことはいいから。
気にしないで。」
みたいな雰囲気で来た(｡´∀`｡)

2017年6月23日
ネタバレ＆前振りがすごい…!
そして、そこからの
ドヤ顔——!!!

131　第4章　みーたんは時にワイルド

2017年6月25日
真っ白なうどん(タオル)に、熱々の
透き通っただし(お湯)をかけた、
かけうどんを
大きな器(ケロリン洗面器)に入れて
提供してくれます。

2017年6月26日
友人の結婚式で、同い年の男の子
と二人、フラワーガールを
させてもらいました(o´∀`o)
本来ならば、歩きながら花びらを
まいて、花の道を作るはずが、
一定の区間で立ち止まっては、
二人でわっさわっさと花びらをまく
(盛る)という、何とも
こっけいな感じになってました。
もう、公園で鳩に餌やってる人
にしか見えへん…!!
れ…練習の成果――!!!

2017年6月27日
パンダ? ライオン? キリン?
ノンノン、
シマウマがナウい!! アツい!!! というわけで、
ひたすら動物園の中心で、
シマウマに愛を叫んでいた、
みーたんでした。
(そんだけ好きなのに、始終「しまお」と叫んでた。
あんさん、間違ってまっせ。)

2017年6月29日
何かデンジャラスなタコができた。

2017年7月1日
ちょっ…
寝相のクセがすごい…!!
それとも、なんだ、あれか？
足のむくみ!?
足のむくみを取っておられるのか!?!?
（それにしても上げすぎやろ）

お友達との会話

お山づくり

名医？迷医？

読み聞かせ

寝る前に絵本を読むのですが…

あるところにシンデレラという美しい娘がいました。シンデレラは…

同じものばかり何度も読まされると

めでたしめでたし

もういっかい！？

親が飽きてくるので…

めでたしめでたし

もういっかい！？

じゃ、また〜！

時々バリバリの関西弁に変換して読んだりします

え、ウソやろ…このクツガラスでできてますやん!! めっちゃキレイやがな〜ドレスをこんな上品そうなん初めて着たわ〜ほんまおおきに!! と、シンデレラは

何だかいやされる〜っ

ははは

関西弁で翻訳されているこの絵本がおもしろくて内容も素敵で大人になった今でも大好きです

周りのみんなはできてるけど自分はできないこと…

やらないといけないと分かっていてもできないこと…

この子なりにちゃんと分かって葛藤してたんだと思うと…

「大丈夫…」
「大丈夫やで…」

胸が苦しくなりました…

トイレに行きたくないけど、オムツにもしたくない←

この後もトイレに行くまでの道のりがなかなかでしたが…

ああっ…また我慢してる…!

これ以上我慢させたら身体に悪いわ！

大丈夫！トイレ怖くないから大丈夫やで〜

やった〜〜っすごいすごい〇。

み〜たんトイレできたやん〇。

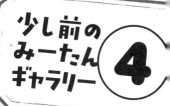

2015年12月25日
腹見せブーム到来!?「ぽんぽーん」って言って見せてきます。
うん、可愛いけど外出先ではやめよう!?

2015年12月31日
とうとう大晦日、今年も残すところあとわずかですね…!
無礼講ということで、親バカ炸裂投稿いきまーすっ!
…なんだいもう!! 最強すぎる攻撃じゃないか!!

2016年1月2日
先月卒乳したからか、着実に身体が重くなっていってる気がします。
いやこれ、絶対気のせいじゃないよね!?!?(゜ロ゜)
本気でダイエットしないと元に戻れない気がするー!!! ひー!!!

2016年1月4日
最近とぼけるというスキルを身に付けましたが、
いやもうバレバレですよ…!?(｡´∀`｡)

第5章

みーたんはワクワクする

2017年7月2日
毎週『ドラゴンボール超』と、BSで再放送してる『ドラゴンボールZ』を見ている我が家。
みーたんに例の台詞を吹き込むも、その時はあまり反応せず。
と、思ったら船乗って一息ついたときに、ワクワクし出した！
周りにめっちゃ人いる中で、いきなりワクワクし出した!!
　　　時間差――!!
　　　母、ハズカシ――!!!
でも…「ワクワクすっじょ！」て。
「すっじょ！」て！
個人的にツボ（ o ´ ∀ ` o ）
ちなみに、『ドラゴンボールZ』の方は、今、セルJr.と覚醒した悟飯が闘う直前なので、
私も真剣に見ております。
面白いなー。

152

2017年7月4日
ムツゴロウ「オレが何をしたあぁぁ」

ムツゴロウの口が大きすぎて上手いこと食べさせられず、
結果、掌底打ちみたいになっちゃった…!!
ちなみに公園にはこのバインバインする遊具、他には鳥さんとクジラさんとパンダさんがいて、
子供の心をときめかせる魅力的なラインナップになっているんですが、
そこに一匹混じり、異様なオーラを放つ、その名は、
ムツゴロウ!
最初「え? ムツゴロウ?」
「そもそもムツゴロウって何?」
ってなったんですが、
調べたらやっぱりムツゴロウデザインの遊具でした。
なんで、遊具にムツゴロウを落とし込んじゃった!?
それとも私が知らないだけで、ムツゴロウって超メジャーな動物なん!?
カピバラとか、アルパカみたいに、今キテる動物なん!?

153　第5章　みーたんはワクワクする

2017年7月6日
我が家は今日も平和です(o´∀`o)
手をゆらゆらブラブラさせるだけで、こんなにもイキイキしてる娘を見ると、
あれこれ悩んでるのが、取るに足らないことに感じてしまう、不思議。

2017年7月7日
何でも真似したがるお年頃☆彡

2017年7月9日
最近、1人で「うんこちゃん」と言っては、ゲラゲラ爆笑しています。
たまに「かーしゃん！」と呼び掛けられ、振り向いたら「うんこちゃん」と言ってゲラゲラ爆笑しています。

2017年7月10日
唇を「ぷるるるるーっ」って鳴らして誤魔化す娘。
もう一度「みーたん、おならしたんちゃうん？」って聞いてみたら
「ちゃうよー。みーたん、おならしないよー。」
と、まるでアイドルのような事を言っていました(o´∀`o)

2017年7月11日
あいかわらず、自らフリをいれてくるかくれんぼをするんですが、居場所は言うし、頭隠して尻隠さず状態やし（辞書の「頭隠して尻隠さず」の解説イラストとして載れそうやわ。）色々ツッコミどころがありすぎるー!!

2017年7月13日
「オバケ」効果、恐るべし…!

2017年7月19日
口紅を塗っていたら、
どこからともなくやって来て、
唇を突き出し、
塗り待ちをする娘(o´∀`o)

2017年7月21日
ちょっと腕が見えるデザインの服を着たところ、
完全に穴があいてると思った娘。
話に乗ってみたら、こんな流れになりました。
うん、さすがに母さん、パンいちで外歩いてたら、暑さでやられたんかな？って思われるわ。
今日から夏休み。
暑い日々が続きますが、最低限のモラルと服装は守って生活しようと思います。

2017年7月23日
親が、炙り炙り言うてたら、覚えちゃった…!!
ちなみにみーたんは相変わらずシャリばっかり食べるので、
私は必然的に最初はお刺身を食べることになります。
酢飯だけ置いてたりしないやろか…(o´∀`o)

2017年7月25日
「おそなるじ」「おそばある」
確かに似て…
ないよ!?
「おそ」は一緒やけども…!! なんで、おそばの口になってるんだ?
見たことないくらいめっちゃええ顔してるよ!! さすがはらぺこムチムチ3歳児…!

161　第5章　みーたんはワクワクする

2017年7月28日

手の中にシールを隠して
どちらの手にシールが入っているか
当てるゲーム。
が、
隠す気ゼロ——!!!
それでいて、当てられない自信満々
の表情——!!!
挙げ句のはてに、
外すように強要してくる!!
シール持ってない方の手を指差した
ら、「ざーんねーん」と言われました
(・◇・)

2017年8月1日

ゲームセンターにあった、子供用のもぐらたたき。最初は穏やかやったのに、途中からめっちゃハードな感じに…！容赦ないもぐらの出現に、為す術なく呆然と立ちすくむ、みーたん。ど…どんまい！

2017年8月7日
ちょっと落ち込んだ時、
元気が欲しい時、
娘でエネルギー充電！☆彡
それにしても、最近
「ありがとうーっ」と言うと
「いえいえーっ」と返してくるようになりました。
抱っこの時も、「いえいえーっ」。
何か…事務的ー!!

2017年8月9日
眉毛は、つけまつげみたいに
装着してると思われてるっぽい…!!!
(o'∀'o)

2017年8月10日
多分
「私、父さんじゃなくて、みーたんだよ」
みたいな意味やと思うんやけど、
なんかナルシスト発言みたいになってるー!!
それにしても、最近急に父さんLOVEになってます。
おまけに「とうさんだいすき。かあさんきらい。」
とか言うてきます。(一言多くない?)
「あんなにもオレ一筋だったのに、急に手のひら返したようにあんな奴のところに…。まったく、女ってやつぁ気まぐれだぜ!」
「でも、いいさ、いつかアイツには、パパイヤイヤ期がやってくるんだ…。今のうちに、せいぜい甘えておくんだな…。」と、
なんか青春漫画に出てくる少年みたいな気持ちで、うらやみ、見守っております。
いや、やっぱり母さんにも愛をおくれー!!!

2017年8月11日
最近父さんっ子のみーたんから、
「母さんが1番だよー」な言葉を聞きたくて、聞いたら
ハートフルでピースフルな返事返ってきた───!!!!(ﾟﾟ)
脳内に「世界に一つだけの花」流れたわ(；∀；)
そうだよねー。誰が一番かなんて争うことなんかしちゃあかんよなー。
ちょっと煩悩捨ててくるわ(｡´∀`｡)

2017年8月13日
あつくないから抱っこしてても大丈夫だよ!
と言う娘(o´∀`o)
いや、暑いよ??
というか、熱いよ!?!?
みーたん自身もめっちゃ暑そうだよ!
髪の毛しっとりしてますやん!!
抱っこしてても快適な季節に早くなってほしいねぇ(o´∀`o)

2017年8月16日
毎朝「おはよう」のかわりに、
この台詞で挨拶されます。
言われる度に、
「なんか、世界名作劇場に出てきそうな
挨拶の仕方やな…」
とぼんやり思う母です。

2017年8月18日
最近父さんっ子のみーたんですが、
父さんに対する厳しめのお言葉は
健在のようです。

2017年8月23日
寝かしつけられた後、
側を離れないように手を繋ぐ作戦☆彡
かわいいことしてくれるじゃないか…!

2017年8月25日
暑い中買い出しに出掛けた後の出来事。
いや、そういう使用目的で渡したわけではないのだが…!?
(いや、そういう使い方もあるけども…)
おしぼりで顔拭くおっさんにしか見えへん──っ…!

2017年8月26日
母に怒られないように考えた苦肉の策！
「かあさんスキスキ & だから許してね作戦」!!
割れた玉子が発見された後は走って逃げて、机の後ろに隠れてました。
何もかもがバレバレ過ぎる…！

2017年8月31日
もう、その辺に…
その辺にしてあげて——!!!!!

2017年9月2日
最近、嫌なことがあると、
もっぱら拗(す)ねるようになってきました。
特に、ご飯を食べたくない時、食べたいものがでなかった時の拗ね具合がすごいです！
成長と共に表現が増えてはきましたが、
どれも分かりやす――っ!!!!

2017年9月4日
いや、確かにリカちゃん手渡してくれたのは配達の人やけども…!
配達の人が個人的にみーたんにプレゼントをくれたわけちゃうよーっ!!

174

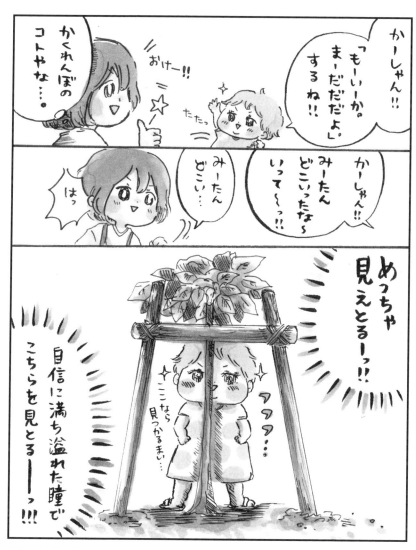

2017年9月5日
いや、かくれんぼヘタクソか…!!(゜ロ゜) 木の後ろに隠れてるつもりやろけども、
木、本人が想像しとるよりも細いから、バレバレ──!
曇りなき眼(まなこ)でこちらを見てるけど、ほぼ大半見えてるから──っ!!
むしろもう目完全に合ってるよ!? それか、あえてなの!?
見える系かくれんぼなの!? ああ、ツッコミが止まらない…!

第5章 みーたんはワクワクする

2017年9月7日
いやほんま、「ホクロ兄貴」って何やねん。誰やねん。
しかもツッコミ待ちー!!!
的確なツッコミを促してくるー!!!

2017年9月8日
以前ひどい言われようをしていた父さん。
「かあしゃんは、くしゃくないよ」って言われてたから、何の、においか聞いたら…
まさかの──!!! え…? ちょ、うそやん…。
それ、父さんよりひどくね？(゜ロ゜)

2017年9月11日
トイレ行きたくてドタドタ足踏みしてたら、
なんか途中から忍者になった―!!!
なして!?!?

2017年9月12日
似て…いや、似てるかー!?!?(｡´∀`｡)
ハチ公さん、さすがにパチンコ屋さんの前では待ってないやろ(笑)

2017年9月13日
そう、女子の着替えは
覗いてはいけないのです…!

2017年9月14日
っえ——!?!?!?
うそやん!!!(゜ロ゜)

2017年9月16日
かーしゃんです。
3歳の娘に、変態テンション(通常運転)で、からんだとです。
娘も高いテンションで返してくれると思ったら、
温度差がすごかったとです。
「はずかしい」と言われましたが、
「人としてはずかしい」と言われたような気がしました。
いつまでこのスキンシップが許されるのか、やめ時がわかりません…!
かーしゃんです。かーしゃんです…。

2017年9月18日
そりゃ、そうやけども…!
思わず
「いや、できひんのかーい!!」とツッコンでしまいました。

183　第5章　みーたんはワクワクする

2017年9月20日
急に上からキタ───!!!

2017年9月22日
いっつも「たまらん！ たまらん！」言うて抱きついている私。
てっきり、9月16日の日記に描いたみたいな冷静な返しがくると思ったら、
予想外の言葉ー!! 変な言葉覚えちゃったー!!
なんか、アウトだこれー!!!
言葉に気をつけて、変態気味な発言は少し控えようと思い…思います(o´∀`o)

2017年9月23日
一緒に寝るために、布団の端っこに転がってゆく、みーたん。
鼻血出るかと思った(o´∀`o)
すっかり大きくなって、ひとつの布団で寝るのもきつくなってきました。
しかし、これからの寒くなる時期は、ぬくぬくの湯たんぽになるので、
がんがん布団にもぐりこんでゆこうと思います！

2017年9月27日
一連の流れが面白かわいすぎて、母は震えたよ((((｡´∀`｡))))
この後「せやな、ご飯食べたら大きなるで」と言うたら、
真剣な表情で「そうか…。」と呟いていました(｡´∀`｡)

好きな手料理	好きな食べ物
 お米大好きみーたんは オムライスや カレーライスより とにかく白米が好き	 「好きな食べ物は?」と子供に聞いたら…こういったものが出てきそうですが…
 みーたんはお母さんの作るご飯の何が好きなん？ えとねぇ〜	 みーたん好きな食べ物何なん？ えとねぇ〜
 (`り) ふりかけごはん	 米(こめ)
 かーしゃんのふりかけごはんがしゅきよ／やだなぁ〜みーたん！母さん他にも作るやんな!?オムライスとかカレーとかハンバーグも好きやんなぁぁ!?／何となく焦る回答…	みーたんこめがしゅきなんよ／世界三大穀物…／おぉ…

いいまつがい①

みーたんにとっては
どちらも
ペットボトル…。

はじめての運動会

はじめての習い事

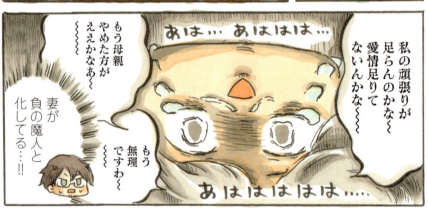

AFTERWORD
あとがき

短時間充電でフル活動！という
低燃費機能を搭載している娘。

正直、子育ては「思てたんとちゃう！」って位大変でしたが、
人生の新たな楽しみも増えました。

外遊びで、公園のブランコを思いっきり漕いで遊ぶの、めっちゃ楽しい！
娘と共に私もプリキュアにハマり、
「みーたんのため…」と、関連グッズを買ってウハウハしたり…。
娘の残したケーキを食べられるという特権もありますね。
あと、娘の愛くるしい寝顔がたまらなくて、
暗闇でグフグフ言いながら、超至近距離でガン見しています。
めっちゃ幸せです。
（感動的な話を書くつもりが、とんだ暴露話になってしまいました。）

そんな私がインスタグラムで描いている育児漫画日記が、
縁あって、こんな素敵な本になりました。
ひとえに、日々漫画を読んでくださり、応援してくださる方々のお陰だと、
本当に感謝してもしきれません。

将来、娘が大きくなり、それこそお嫁に行くときは
嫁入り道具のひとつに、そっとこの本を手渡…
想像するだけで泣けてきました。うおぉおん。

最後になりましたが、本を手に取ってくださり、
こんな拙いあとがきにまでお付き合いくださり、
本当にありがとうございました！

STAFF

ブックデザイン ● SAVA DESIGN

DTP ● 株式会社ビーワークス

校正 ● 齋木恵津子

営業 ● 大木絢加

編集長 ● 松田紀子

担当 ● 白鳥千尋

3才児みーたんは容赦しない

2018年4月27日 初版発行

著　者　まつざき しおり
発行者　川金 正法

発　行　株式会社KADOKAWA
　　　　〒102-8177　東京都千代田区富士見2-13-3
電　話　0570-002-301（ナビダイヤル）

印刷所　株式会社光邦

本書の無断複製（コピー、スキャン、デジタル化等）並びに
無断複製物の譲渡及び配信は、著作権法上での例外を除き禁じられています。
また、本書を代行業者などの第三者に依頼して複製する行為は、
たとえ個人や家庭内での利用であっても一切認められておりません。

KADOKAWA カスタマーサポート
［電話］0570-002-301（土日祝日を除く11時〜17時）
［WEB］https://www.kadokawa.co.jp/（「お問い合わせ」へお進みください）
※製造不良品につきましては上記窓口にて承ります。
※記述・収録内容を超えるご質問にはお答えできない場合があります。
※サポートは日本国内に限らせていただきます。

定価はカバーに表示してあります。

©Shiori Matsuzaki 2018 Printed in Japan
ISBN 978-4-04-069661-4 C0095

大反響！
笑いと癒しの島暮らしコミックエッセイ

\ 2人のラブアクシデントを実況中継！ /

\ みーたん父と付き合う前エピソード /

\ 古民家カフェ /

\ 自然 /

直島古民家シェア暮らし
まつざき しおり

絶賛発売中！

アメブロ「デイリー総合」「絵日記」「4コマ漫画」ランキング第1位の大人気ブログ、ほぼ描きおろしで初書籍化！ 激務で疲れ切って移住したのは、瀬戸内海にある小さな島・直島。
『3才児みーたんは容赦しない』以前の出来事を描いた、笑いと癒しのコミックエッセイ!!

●1100円（税別）